축구기술교본

기초기술에서 응용기술, 실전기술까지
축구기술교본

초판 1쇄 | 2023년 2월 8일
초판 2쇄 | 2023년 3월 24일

저　자 | 김삼수
발행인 | 윤승천
발행처 | (주)건강신문사

등록번호 | 제25100-2010-000016호

주　소 | 서울특별시 은평구 가좌로 10길 26
전　화 | 02)305-6077(대표)
팩　스 | 0505)115-6077 / 02)305-1436

인터넷건강신문 | www.kksm.co.kr / www.kkds.co.kr
한국의첨단의술 | www.khtm.co.kr

ISBN 978-89-6267-127-8 (13690)

◆ 잘못된 책은 바꾸어 드립니다.
◆ 이 책에 대한 판권과 모든 저작권은 모두 (주)건강신문사에 있습니다.
◆ 허가없는 무단인용 및 복제·복사·카페·블로그·인터넷 게재를 금합니다.

기초기술에서 응용기술, 실전기술까지

축구기술교본

감수 **박경훈** 대한축구협회전무, 전 월드컵 국가대표선수
감수 **이정호** 국민대 생활체육 학부장, 교수
저자 **김삼수** 전 월드컵 국가대표선수

건강신문사
www.kksm.co.kr

각급대표팀증명서

제 2018 - 254265 호 종목 : 축구

성   명 : 김삼수

생년월일 : 1963. 2. 08.

소   속 : 아현축구회

경력사항

대회일자	대 회 명	장소	결과	비 고
1980.12.01 ~ 1980.12.01	제22회 아시아 청소년대회[동부지역예선]	필리핀		U-20 남자대표
1981.10.03 ~ 1981.10.18	FIFA 세계 청소년 선수권대회	호주		U-20 남자대표
1983.01.28 ~ 1983.02.13	제1회 태국청소년 축구대회	태국	우승	U-20 남자대표
1983.06.04 ~ 1983.06.17	제13회 대통령배 국제축구대회	대한민국	준우승	남자 국가대표
1983.11.01 ~ 1984.04.29	로스앤젤레스 올림픽 [예선]	싱가포르		남자 국가대표
1984.05.30 ~ 1984.06.09	제14회 대통령배 국제축구대회	대한민국	3위	남자 국가대표
1984.08.21 ~ 1984.09.09	제28회 메르데카배 국제축구대회	말레이시아	우승	남자 국가대표
1984.09.30 ~ 1984.09.30	제12회 한일정기전	대한민국		남자 국가대표
1984.09.30 ~ 1984.09.30	제12회 한일정기전	대한민국		남자 국가대표
1985.06.01 ~ 1985.06.19	제15회 대통령배 국제축구대회	대한민국	우승	남자 국가대표

대회일자	대회명	장소	결과	비고
1985.07.24 ~ 1985.08.03	제29회 메르데카배 국제축구대회	말레이시아	우승	남자 국가대표
1985.12.03 ~ 1985.12.03	친선경기 VS 멕시코	미국		남자 국가대표
1985.12.08 ~ 1985.12.13	멕시코 4개국 친선대회	멕시코		남자 국가대표
1986.05.31 ~ 1986.06.29	FIFA 멕시코 월드컵	멕시코		남자 국가대표
1986.09.20 ~ 1986.10.05	서울 아시안게임	대한민국		남자 국가대표
1987.06.08 ~ 1987.06.21	제16회 대통령배 국제축구대회	대한민국	우승	남자 국가대표
1987.12.10 ~ 1987.12.19	제30회 메르데카배 국제축구대회	말레이시아	4강	남자 국가대표
1988.01.06 ~ 1988.01.06	아시아-아프리카 최강전	카타르		남자 국가대표
1988.06.16 ~ 1988.06.28	제17회 대통령배 국제축구대회	대한민국	4강	남자 국가대표
1988.07.23 ~ 1988.07.28	친선경기 VS 페냐롤(우루과이)	대한민국		남자 국가대표
1988.07.23 ~ 1988.07.28	친선경기 VS 페냐롤(우루과이)	대한민국		남자 국가대표
1988.08.09 ~ 1988.08.13	친선경기 VS 라싱 클럽(아르헨티나)	대한민국		남자 국가대표

위와 같이 대표 경력을 증명함.

2018. 10. 1.

대 한 축 구 협 회

국가대표 현역 시절의 저자

국가대표 현역 시절의 저자

국가대표 현역시절 동료 김주성 선수와 함께

프로 팀 현역시절의 저자

국가대표현역시절의 저자

프로팀 현역시절의 저자

목차

감수 1 : 박경훈 대한축구협회전무, 전 월드컵 국가대표선수	14
감수 2 : 이정호 국민대 생활체육 학부장, 교수	17
추천사 : 김주성 전 국가대표선수, 전 대한축구협회 기술위원	19
머리말 : 어떻게 하면 축구를 잘할 수 있을까?	20

1부 축구의 기초기술

1. 기초 스텝 — 26
　1) 개인 기초기술 — 26

2. 드리블 — 35
　1) 드리블의 원리, 자세 — 35
　2) 드리블의 방법 — 37
　3) 드리블시 중요한 요점(핵심) — 41
　4) 드리블 기술중 반드시 이해해야 하는 중요한 팁 기술 — 42
　5) 드리블 발바닥 기술 - 발바닥 기술 훈련 — 43

3. 킥 — 46
　1) 킥의 자세 — 46
　2) 킥의 방법 — 48

4. 볼컨트롤 — 49

5. 리프팅 50
1) 리프팅의 원리와 이해 50
2) 리프팅 방법 (축구를 처음 접하는 선수의 리프팅 운동) 51
3) 실전에서의 리프팅
 (축구선수의 실전기술을 터득하는 리프팅 운동) 52

6. 등지는 기술 54
1) 볼잡고 돌아서기 57
2) 손의 위치 59

7. 패스 60
1) 인사이드패스 61
2) 아웃사이드패스 62
3) 인스텝 패스 63
4) 토우킥 패스 64
5) 발 뒷꿈치 패스 64

8. 슛팅 65
1) 슛팅의 자세 65
2) 슛팅의 3가지 방법 66
3) 슛팅의 기술 68
4) 슛팅의 자가진단 방법 70
5) 발리슛과 오버헤드킥 71
6) 타이밍 73
7) 위치 73

9. 헤딩 75
1) 헤딩의 기초 75
2) 공격의 헤딩자세 76

3) 수비의 헤딩자세 77
4) 패스헤딩 77
5) 공 낙하지점 찾기 78

2부 축구의 응용기술

1. 트래핑 82
1) 볼트래핑의 원리 82
2) 볼트래핑의 종류 83
3) 볼컨트롤, 볼트래핑의 기술 84
4) 볼트래핑의 높은 수준은? 85
5) 볼 트래핑의 동작들 85

2. 볼잡고 돌아서는 동작 89

3부 실전 축구에서의 기술

1. 기술의 응용 92
1) 실전의 기술이란? 92

2. 실전 축구 메뉴얼과 공식 93
1) 수비시 필요한 축구 메뉴얼과 공식 93
2) 축구경기에서의 움직임 매뉴얼 94
3) 공격자의 움직임 94
4) 오프사이드를 돌파하는 방법 95
5) 경기장에서 누가 우선인가? 95
6) 축구는 척이다 - 페인트동작 95

| 7) 축구선수의 서로간의 소통은? | **96** |

3. 볼 컨트롤 — **98**
1) 리프팅과 트레핑 혼합 응용 — **98**

4. 달리기 — **99**

5. 멈춤 — **100**

6. 시야와 방향 — **102**

7. 태클 — **106**

8. 좋은 선수 조건 10가지 — **108**

4부 축구의 심리기술

1. 축구선수 개인 — **112**

2. 팀전체 — **113**

3. 승부차기 — **114**

4. 실전 심리기술 — **115**

5. 축구심리전 예 — **116**

감수 1

축구선진화와 한국 축구발전에 밑거름이 될 귀중한 책!

 축구선수 지망생이거나 현재 축구선수, 축구지도자라면 누구나 한번쯤은 축구기술, 축구기초에 관한 체계적인 교본 같은 것이 있으면 좋겠다는 생각들을 해 봤을 것이다.

 무조건 운동장에서 연습과 훈련을 많이 한다고 실력이나 수준이 그만큼 향상되는 것은 아니기 때문이다. 축구기술에 대한 이론과 원리를 먼저 이해하고 훈련이나 연습을 하게되면 훨씬 수준 높은 축구를 할 수가 있다.

 그런데 프로선수나 국가대표선수 출신이라도 필요성은 공감하지만 운동을 하면서 또는 지도를 하면서 책을 쓰거나 글로 체계적으로 정리한다는 것은 사실 쉽지 않다. 평생 축구만 하던 운동선수에게는 글을 쓰고 책을 펴낸다는것은 현실적으로 어려운 일이다.

그 쉽지않은 일을 김삼수 감독이 해낸 것을 보고 반가우면서도 놀랍기도 하다.

축구계의 발전과 후배, 후학들을 위해 언제 이렇게 자신의 경험과 기술을 정리하고 또 책으로까지 펴낼 수 있었을까?

그런 의미에서 김삼수 감독의 '축구기술교본'은 한국축구의 발전과 선진화, 저변확대에 밑거름이 될 수 있는 귀중한 책이다.

김감독이 국가를 대표한 훌륭한 선수로서, 축구 지도자로서 운동장에서 또 대학 교단에서 후배들과 후학들을 지도하고 가르친것을 알고는 있었지만 이렇게까지 한국 축구의 발전과 미래를 위해 행동으로 실천 할 줄은 몰랐다.

한국 축구계의 위상과 연륜에 비해 다소 늦은 감은 있지만 이제라도 이런 책이 출간돼 축구의 학문화, 과학화와 함께 우리 축구가 세계 선진 축구와 어깨를 나란히 할 수 있기를 기대한다.

동호인들의 축구도 더 행복하고, 즐겁고 건강할 수 있기를 희망한다.

2023년 2월 7일

박경훈 대한축구협회 전무이사, 전 월드컵 국가대표

감수2

프로와 국가대표 선수로서의 실제 경험을 기록한 훌륭한 축구교재

  수학 공식을 알고 문제를 풀면 쉽게 답이 나오는것과 마찬가지로 축구에서도 기초와 기본에 관한 이론(원리)과 기술을 알고 훈련이나 연습을 하면 훨신 쉽게 기량이 향상된다.

  세계적인 선수로 성장한 손흥민의 아버지 손웅정씨도 젊은 시절 프로구단에서 활동하던 축구선수 출신 축구인이다. 이 아버지가 아들 손흥민을 지도할 때 철저하고 혹독하게 기본과 기초기술을 습득하도록 했다는 것은 손흥민 선수의 입을 통해 널리 알려진 사실이다. 물론 모든 지도자들은 자기 나름대로 기본기, 기초기술에 관한 메뉴얼이나 커리큐럼이 있을 것이다. 그렇지만 누구라도 쉽게 볼 수 있도록 체계화

된 책자는 없는 실정이다.

이 책의 내용 또한 대부분 프로나 국가대표를 경험한 축구인이라면 알고 있는 내용이기도 하다. 그러나 그런 기술이나 내용은 모두 각자의 머릿속에만 있는, 말하자면 추상적인 내용들이다. 김감독은 이런 추상적인 내용들을 현실적으로 정리해서 많은 사람들이 응용해서 활용할 수 있도록 한 것이다. 그 과정에서 축구계 선후배와 동료들의 자문과 조언도 받았을 것이다. 그런만큼 축구의 저변확대와 축구계 발전을 위해 적극 추천 하는바이다.

축구지망생들이나 선수, 지도자들도 이렇게 체계적으로 정리된 기술교본이 있으면 훨씬 더 실력이 향상될 것이고 지도자들도 지도하기가 쉬울 것이다. 축구동호인들도 많은 도움이 될 것이다.

2023년 2월 7일

이정호 국민대 생활체육 학부장, 교수

추천사

프로와 국가대표 선수 경험으로 만든 책!

김감독은 평생을 축구선수와 지도자로 살아왔고 그 자신 국가대표까지 직접 경험했기에 누구보다도 선수들의 필요한 부분과 부족한 부분들을 잘 알고 있다. 그런 마음으로 이 책을 집필했기에 축구지망생들이나, 축구선수들, 축구지도자들에게도 유용한 참고서가 될 것이다. 이 책이 한국 축구 발전과 수준 향상에 많은 도움이 될것으로 생각한다.

김주성 전 월드컵 국가대표 선수, 전 대한축구협회 기술위원

머리말

어떻게 하면 축구를
잘할 수 있을까?

축구를 잘하기 위해서라면 물론 선천적 재능이 있고 후천적으로 훈련과 연습, 학습등을 통해 노력하면 잘할 수 있다. 그런데 이런 모든 조건들을 두루 갖춘 선수들이나 선수 지망생들은 아주 드물다.

이 책은 모두 갖추지 않았더라도 축구가 좋고 또 축구 선수가 되고자 하는 사람들에게 작은 도움이라도 됐으면 하는 마음으로 만들었다. 이 책을 통해서 혼자서도 훈련하고 연습할 수가 있기 때문이다. 축구를 잘하고 싶은데 방법을 모르거나 배울 수 있는 기회, 환경이 되지않는 사람들도 독자가 될 수 있다.

평생 축구선수로, 축구지도자로 살아오면서도 늘 아쉬웠던것이 훈련이나 연습을 할 때 참고 될만한 교본이 있었으면 하는것이엇다. 지도자 생활과 대학에서 학생들을 가르칠때도 체계적인 축구기술교본같은 것이 있으면 많은 도움이 되겠다는 생각을 해 왔었다.

축구에 관한 여러 가지 책자들은 시중에 많이 나와있지만 대부분 번역 책이거나 우리나라 현실과 선수, 지도자들에게는 맞지않아 가르치거나 지도 할 때 참고하기에는 너무 현학적이었다.

이 책은 필자가 그런 아쉬움 때문에 현역 선수 생활때부터 지금까지 틈틈이 메모해 놓았던 내용들을 많이 부족하지만 우선 한번 엮어 보았다.

축구에 관심있는 사람이거나, 축구선수, 축구동호인, 축구지도자들이라면 누구라도 쉽게 활용할 수 있도록 짧고 간단하게 설명하고 구성했다.

이 책이 절대적인 축구기술교본이라고 할 수는 없더라도 필자 나름대로 프로와 국가대표, 또 지도자 생활을 경험했기에 선수와 지도자들에게 무엇이 부족하고 필요하고 절실한지는 누구보다도 잘 알고 있다.

 따라서 특히 축구선수 지망생이거나 축구선수라면 이 책의 내용들을 충분히 숙지한후 지도를 받거나 훈련, 연습을 하게 되면 훨씬 더 빠르게 축구가 이해되고 실력도 향상 될 것이다.

 이 책은 축구의 기초기술에서 응용기술, 실전기술, 축구심리에 관한 내용이다. 어느부분을 먼저 읽고 숙지해도 별 문제는 없으나 이왕이면 기초기술부터 읽고 습득해 나가는 것이 더 도움될 것이다. 이 책의 부족하고 아쉬운 부분은 축구계 선후배, 동료, 선수, 지도자들, 또 독자 여러분의 조언과 자문을 통해 앞으로 보완해 나가도록 하겠다. 질책과 충고가 있더라도 겸허히 받들겠다.

선수로서 지도자로서 축구인생을 살아오면서 마침 그 경험을 정리해서 책으로 출간할 수 있는 기회가 닿아 펴내게 되었다. 오래동안 생각은 하고 있었지만 실행하지 못했던 이런 교본을 출간할 수 있도록 어려운 출판 환경임에도 많은 도움을 준 윤승천 형(건강신문사 대표)께 진심으로 감사드린다. 흔쾌히 감수와 추천사로 격려와 용기를 주신 박경훈 대한축구협회 전무이사, 국가대표선수시절 동료였던 김주성 동아시아축구연맹 사무총장, 이정호 국민대 생활체육 학부장께도 깊이 감사드린다. 아내와 아이들(정원,정석)에게도 깊은 고마움 전한다.

이 책이 축구계와 축구선수 지망생, 축구선수, 축구동호인, 축구지도자들에게 조금이라도 도움이 된다면 필자로서는 보람을 느낄 것이다.

2023년 2월 7일
저자 **김삼수**

국가대표 현역시절의 저자

1부
축구의 기초기술

1. 기초 스텝

1) 개인 기초기술

　개인 기초 기술을 혼자 연습하며 축구에서 필요한 기본 스텝을 익히는 훈련이다. 스텝 기본 동작에는 발바닥 기술과 볼 터치하는 기술을 혼합하여 훈련한다.

　훈련방법은 스텝 운동은 제자리에서 하고 볼 드리블은 15m를 갔다 오는 왕복방식으로 훈련한다. 휴식시간 없이 14가지 기초 드리블과 스텝 훈련을 스스로 볼을 다루며 한다. 스텝 훈련을 할 때 호흡을 조절하는 방법은 개인마다 신체조건이 다르기 때문에 자신에게 맞는 호흡법은 본인이 찾아야 한다. 이 기본 스텝 훈련은 생각보다 힘들고 또 많은 에너지가 소모되지만, 축구선수에게는 굉장히 도움되는 꼭 필요한 기초 훈련이다.

먼저 라인과 라인사이의 거리를 15m 이내로 두 라인을 표시한다.

스텝 훈련할때는 14가지 동작으로 하며 스텝동작이 끝난 순간에 볼을 빨리 이동시켜 드리볼을 한다.

한종목(스텝. 드리볼동작)당 3번 반복하며 14가지 동작을 마무리 한 이후에 휴식을 갖는다. 기술과 체력을 동시에 향상시킬 수 있는 훈련 방법이다.

(1) 스텝 혼자 연습하기
① 스텝1- 발바닥으로 피칭
몸 앞에 볼을 세워놓고 볼의 옆 오른쪽에 오른발을 딛고, 다시 볼 앞쪽으로 두발을 모은다,

왼발을 볼의 옆 왼쪽에 딛고 볼 앞쪽으로 두발을 모으는 동작을 반복한다,

모든 스텝의 동작은 왕복 14회이다. 발목, 무릎, 허리를 살짝 굽혀 반동을 주면서 근육에 동작을 인식시키고 부드럽게 리듬을 타면서 안정적인 착지를 하는것이 중요하다. 동작이 잘못되면 관절부상이 있을 수 있으니 주의해야 한다.

드리볼의 동작은 몸은 앞 방향을 보면서 왼발은 앞쪽방향으로 딛고 오른발을 90로 돌려 발바닥으로 볼의 중간 부분을 잡고 볼을 굴리듯 앞으로 간다.

모든 드리볼은 매 스텝으로 드리볼 한다. 왕복중 갈때는 오른발, 올때는 왼발로 14라운드 끝까지 반복한다.

② 스텝2- 발바닥으로 옆굴려
몸 앞에 볼을 세워 놓고 정면으로 서서 왼발이 볼의 오른쪽 옆에 딛고 왼발이 다시 돌아오고 오른발이 볼의 왼쪽 옆

에 딛고 오며를 반복한다.

 오른발 발바닥으로 볼을 누르며 왼쪽으로 보낸다. 오는 볼을 왼발바닥으로 잡으며 다시 오른발 쪽으로 보내며 동작을 반복한다.

③ 스텝3- 발바닥 ㄹ 자 좌우 페인팅
 볼을 몸 앞에 놓고 축구의 페인팅 동작을 오른쪽, 왼쪽 반복한다.

 2번 스텝의 방법처럼 하되 오른 발바닥으로 잡고 왼쪽으로 볼을 보내면서 오른발을 볼 앞으로 회전한다. 왼쪽으로 간 볼을 똑같은 방법으로 반복한다.

④ 스텝4- 발바닥 ㄹ 자 다리사이 벽막기
 볼을 몸 앞에 세워놓고 왼발을 볼의 오른쪽을 앞굼치로 딛고 구브린 무릎의 반동으로 오른쪽 방향으로 180도 돌려 턴을 한다. 오른발도 같은 방법으로 하며 반복한다.

볼을 발바닥으로 90도 돌려 오른발로 눌러 잡고 옆으로 밀듯 돌리고 볼을 다시 90도 방향의 왼쪽으로 길게 보낸 다음 몸을 왼쪽으로 90도 방향으로 돌려놓고 왼발로 볼을 눌러 잡아 앞쪽 90도 방향으로 눌러 돌리고 볼을 다시 왼발로 90도 원 방향으로 길게 보낸다. 계속 반복한다.

⑤ 스텝5- 발바닥 좌우로 치며 드리블 턴 동작

볼을 오른발 옆에 세워놓고 오른발이 볼을 넘어 딛고 왼발이 오른발 옆으로 따라온다. 왼발이 볼을 넘고 오른발이 왼발 옆에 선다.

모든 스텝 연습은 리듬감이 중요하다. 박자를 맞추며 춤추듯 해야 한다.

4의 스텝과 비슷하나 처음 90도 방향을 바꾼 다음 다시 90도 안쪽으로 볼을 눌러 길게 보내면서 오른발을 안에서 바깥 방향으로 돌리며 볼이 다리 사이로 통과하듯 보낸다. 왼쪽 역시 같은 방법으로 반복하며 훈련한다.

⑥ 스텝6- 발바닥 브이자 한발 볼 넘기 오른발 스텝

볼을 오른발 옆에 세워놓고 왼발이 볼을 넘어 딛고 왼발 옆에 오른발이 오며 다시 볼을 오른발이 넘어 딛고 왼발이 오른발 옆쪽으로 딛는 스텝을 반복한다.

오른 발바닥으로 볼의 위부분 중앙지점을 눌러 잡고 뒤로 당긴 다음 오른발 인사이드로 앞으로 민다. 같은 방법으로 왼발바닥으로 눌러 잡고 뒤로 당긴 다음 왼발 인사이드로 앞으로 민다. 계속 반복 훈련한다. V자 형태의 발바닥 드리블이다.

⑦ 스텝7- 발바닥 브이자 두발 볼넘기 오른발 왼쪽 왼쪽 넘기

볼을 오른발 쪽에 세워놓고 오른발로 볼을 넘고 왼발이 오른발 옆에 딛고 다시 왼발이 볼을 넘고 오른발이 왼발 옆에 딛고 반복한다.

왼발로 볼을 눌러 잡고 뒤로 당기며 오른발 인사이드로 볼을 앞으로 밀고 나간다. 다시 오른발로 볼을 눌러 뒤로 당기며 왼발 인사이드로 앞으로 밀고 나간다. 계속 반복한다.

⑧ 스텝8- 발바닥 오른발 왼쪽 당기며 앞으로 볼넘기 점프 투스텝

볼을 오른쪽에 세워놓고 두발로 좌,우 점프한다.

볼을 드리블 할 때 왼발, 오른발 아웃사이드로 밀고 나가는 드리블. 볼을 차면서 나가는것이 아닌 볼을 밀고 나가는 것이 핵심이다.

⑨ 스텝9 -왼발 오른발 아웃사이드 볼 치기, 점프후 몸 돌리기

볼을 앞에 세워놓고 앞, 뒤로 점프한다. 두발이 점프시 벌어지지 않도록 한다. 볼을 몸 옆에 세워놓고 삼각형으로 점프한다.

⑩ 스텝10 -호나우드 드리블

한발로 점프. 볼을 좌, 우 발로 넘으며 (이영표) 드리블 한다. 오른발로 볼을 넘고 오른발로 착지 중심잡고, 왼발로 볼을 넘고 왼발로 착지 중심잡기를 계속 반복한다.

⑪ **스텝11- 오른발 왼발 볼 넘기 드리볼, 스케이트 스텝**

볼을 오른쪽 45도 방향으로 보내며 오른발 안쪽으로 볼을 누르며 반대방향으로 바꾸는(호날두) 드리볼. 볼을 오른발 옆에 세워놓고 왼발이 볼을 넘어 왼발로 착지하며 중심잡고, 오른발로 볼을 넘어 오른발로 착지하며 중심 잡고 한발로 계속 반복한다,

⑫ **스텝12 -헛다리 5번이상 이후 드리볼, 좌우3단계 두발점프**

⑬ **스텝13 헛다리를 3번~5번 하고 2m정도 앞으로 전진한다.**

이 동작을 계속 반복한다. 볼을 오른발 옆에 세워놓고 볼을 넘고 사각형태로 점프한다.

⑭ **스텝14 - 한발로 볼 좌우 페인팅 드리볼**

한발로 인사이드, 아웃사이드를 이용하여 매 스텝 좌, 우로 볼 터치를 하며 드리볼 한다. 볼을 앞에다 두고 볼을 점프하며 넘으면서 몸을 130도 돌려 착지한다. 다시 볼을 넘으며 반복 점프 착지한다.

앞으로 자유 드리볼하고 15m 전진후 뒤로 오는데 볼을 오른발 바닥으로 당기고 오른발 인사이드로 왼발 뒤꿈치 뒤쪽 수평 방향으로 보내고 왼발바닥으로 잡고 뒤로 밀고 왼발 인사이드로 오른발 뒤꿈치 뒤쪽 방향으로 수평으로 보낸다. 계속 반복한다,

볼을 오른발 옆에 세워놓고 두발로 점프하며 볼을 넘고 몸의 방향을 180도 돌려 볼의 오른쪽으로 착지 중심 잡는다. 다시 볼의 왼쪽 방향으로 180도 돌려 점프하고 착지 중심 잡는다. 반복한다.

처음에 훈련하면 많은 시간이 소요 될 것이다. 그러나 시간을 체크하면서 훈련 하다보면 시간이 줄어들고 기초기술의 습득과 상, 하체 근육의 발달과 신체의 균형기능이 향상된다. 축구는 신체의 발란스가 매우 중요한 운동이다. 그리고 이런 기초기술을 익히고 이를 바탕으로 응용하게 되면 실전에서 수준높은 축구를 할 수가 있다.

2. 드리블

1) 드리블의 원리, 자세

(1) 드리블의 종류와 방법이 다양하기 때문에 왜 드리블을 해야하는지 드리블의 목적을 분명히 한다.

그 목적에 맞는 드리블 기술을 사용해야 원하는 방향으로 적용할 수 있다.

(2) 볼이 몸의 중심에 있어야 한다.

볼이 양발의 가운데에 위치해야만 좌우 어디에서든지 상대 수비들이 압박하더라도 상대 수비들로부터 벗어날 수 있다.

(3) 볼을 터치하는 발의 모양이 아웃사이드 형태로 발끝이 땅을 향하되 볼을 차는것이 아니라 볼을 밀듯이 드리볼해야 다음 스텝때 볼에 가깝게 있게 되어 다음 동작이 자연스럽게 이어진다.

볼을 밀 듯이 하지않고 차게되면 다음 동작에서 볼과 발사이가 멀어져 볼의 제어가 힘들게 되고 몸의 발란스가 무너져 볼 제어가 어렵다.

(4) 두 손은 뛰는 동작자세로 배꼽위로 향하도록 해야 신체 발란스를 손동작으로 움직이며 균형을 잡는다.

또한 압박하는 수비선수를 두 손으로 자연스럽게 방어를 할 수 있다.

(5) 고개를 숙이지 말고 머리를 들어 눈으로 볼과 수비와 다음 상태의 공격과 수비를 인식해야한다.

눈은 볼만 쳐다보지 말고 고개를 들어 볼과 수비를 동시에 볼 수 있게 연습해야 한다. 시야를 넓히는 기본훈련이다.

(6) 수비 선수의 키와 다리 길이가 선수마다 모두 다르기때문에 드리볼시 수비선수의 수비범위(발을 뻗어 닿는 거리)를 알아야 하며, 드리볼시 수비범위에 들어가지 않게 거리를 유지하며 공격선수에게 유리한 방향으로 볼을 조절 관리한다.

2) 드리볼의 방법

(1) 롱 드리볼

롱 드리볼은 주로 상대 수비가 많이 떨어져 있거나, 하프라인을 지나 노마크 찬스에서 속도감 있게 볼을 몰고 가는 방법이다.

볼을 한번 차고 양발의 스텝을 9번에서 11번 째 볼을 터치하며 드리볼 한다.

수비가 많이 떨어져 있는데 볼터치를 많이 하게 되면 속도가 떨어지게 된다.

(2) 노멀 드리볼

수비가 2~3미터 거리에 있을때 양발의 스텝을 3번에서 5번 정도 볼을 터치하며 드리볼 한다.

(3) 원 스텝 드리볼

상대 수비가 볼을 빼앗으려 적극적인 수비를 할 때 수비의 범위내로 들어가지않고 좌,우, 앞,뒤로 매 스텝마다 볼을 터치하면서 방향과 거리를 조절하며 드리볼 한다. 양발의 드리볼로 매 스텝마다 볼터치를 하며 드리볼링을 한다. 상대

수비를 앞에 두고 돌파를 하기위한 드리볼이기 때문에 양발 원스텝드리볼은 최고의 기술이며 많은 연습이 필요하다.

(4) 팔자형태 드리볼 훈련

팔자를 5 미터 크기로 그려놓고 그려놓은 선을 따라 드리볼을 한다.

오른발 아웃사이드 드리블,
왼발 아웃사이드 드리블,

오른발 인 사이드 드리블,

왼발 인 사이드 드리블,

양발로 매터치마다 드리볼을 한다. 한종목당 20번 정도의 횟수를 한다.

(5) 볼 두개 드리볼

양발로 볼 두개를 이동시키는 훈련.

볼 두개를 발 앞에 놓고 오른발로 볼을 밀고 땅을 딛고, 왼발로 다른공을 밀고 딛고, 계속 반복하며 매스텝 볼터치를 하며 감각을 익힌다.

(6) 양발로 방향전환 드리볼

볼을 드리볼 하다 오른발 인, 아웃사이드로 볼을 스톱시킨 후 방향을 바꿔 다시 밀고 드리볼한다. 왼발 인, 아웃사이드로 볼을 스톱시킨 후 다시 밀고 나간다. 계속 방향을 바꿔 훈련을 하며 방향을 본인이 선택하여 이동하며 훈련한다.

3) 드리볼시 중요한 요점(핵심)

(1) 고개를 숙이지 말고 들어 시야로 앞의 볼과 선과 상대방을 인식한다.

(2) 팔을 알파벳 A형태로 가슴 위치에서 스윙하며 몸의 발란스를 맞춘다.

(3) 볼은 차는 것이 아니라 밀듯이 발에 가깝게 위치한다.

(4) 터치하는 발이 아닌 지면에 딛고 있는 발의 무릎은 항상 굽혀서 다리의 균형을 잡는다.

4) 드리볼 기술중 반드시 이해해야 하는 중요한 팁 기술

드리볼의 방법은 무엇일까?

드리볼의 기술은 몇가지나 될까?

수 많은 드리볼의 기술이 있다. 그러나 원리적인 측면으로는 드리볼의 기술은 단 두가지 동작일 뿐이다.

두가지 동작의

첫번째는 볼을 좌,우로 치는 동작의 기술이며,

두번째의 동작은 발바닥을 이용하는 드리볼인데

지금의 선수들은 발바닥 동작의 기술을 습득하지 않는 것 같다. 발바닥 동작의 섬세한 기술과 부드러운 컨트롤이 기술의 기본으로 이 두가지 동작이 어우러져 응용된 여러 가지 동작과 드리볼이 나오는데 요즘의 선수들은 마치 편식하는 식사처럼 터치하는 동작의 기술에 치우치는 점이 느껴져 안타까운 생각이다.

발바닥 드리볼은 지금의 선수들에게 찾기 어려운 기술이며 드리볼의 원리중 가장 중요한 기술이기도 하다.

대부분의 한국선수들 드리볼을 살펴보면 볼을 치거나 터치하는 기술로 한정되어 있다. 스피드를 이용한 드리볼도 중요하다.

유럽과 남미 선수들의 동작을 유심히 살펴보면 기술적인 발바닥의 동작이 많이 보이며 볼의 터치감과 볼컨트롤의 섬세함이 발바닥 동작으로 이어지는 것을 느낄 수 있다.

5) 드리볼 발바닥 기술 - 발바닥 기술 훈련

(1) 오른발로 볼 위 부분을 누른다.

(2) 볼을 누르는 오른발의 형태는 무릎이 기역자로 되어 있어야 하며 볼을 누르는 발바닥은 발가락과 앞굼치로만

사용한다.

(3) 볼을 앞으로 밀면서 무릎을 일자로 편다.

(4) 일자로 핀 무릎을 기역자로 당기며 볼을 다시 원래 위치로 오게 한다.

(5) 계속 반복하여 감각을 익히며 훈련한다.

(6) 볼을 밀고 당기는 반복적인 연습을 계속하여야 하며 밀고 당길때마다 볼은 발바닥이 떨어졌다 붙었다가 반복이 되어야 한다.

(7) 밀고 당길때마다 소리로써 잘못됨을 알 수 있다.

볼이 터치될때마다 탁 탁 하는 소리가 나야 한다.

(8) 앞, 뒤 연습, 좌, 우 연습, 십자가를 만드는 연습.

(9) 이후 스텝과 이용하는 여러가지 발바닥 드리볼의 응용 동작이 있다.

3. 킥

 축구에서 킥을 하는 이유는 공을 우리편에게 보내거나 슛팅을 할때이다. 상황에 따라서 킥의 종류와 방법도 다르다.

1) 킥의 자세

 모든 킥은 디딤발의 형태에 따라 임팩트하는 발이 볼의 각기 다른 부분을 가격하게 되며 가격 부위에 따라 볼의 방향이 결정된다.

 다리는 인체의 구조상 11자 형태로 되어 있기 때문에 스윙시 디딤발의 방향으로 마지막에 향하게 된다. 디딤발의 위치는 볼의 구질과 방향, 속도에 큰 영향을 주는 것이다.

오른발로 킥을 하는 자세는 볼을 세워놓은 상태에서 볼에 대한 시선을 위에서 볼 때 디딤발은 볼에 제일 밑 끝부분의 왼쪽으로 두주먹 정도의 공간을 만들어 딛고 오른발 엄지발가락 위쪽으로 볼의 밑부분을 가격하며, 임팩트 이후 스윙이 왼발의 디딤발이 향하는 방향으로 스윙 팔로우 해줘야 한다. 그래야 디딤발의 방향으로 볼을 보낼 수 있다.

상체의 움직임은 볼 옆에 디딤발을 딛을 때 왼손을 눈보다 위쪽으로 올려서 활시위를 당기는 동작을 연상하듯 상체를 뒤로 제쳐 놓고 발등을 약간 돌려 발목을 고정시키며 무릎과 허벅지를 뒤로 제껴 올리며 임팩트한다.

이때 다리와 팔이 교차 되겠끔 스윙하며 다리는 순간적인 힘을 이용하여 일직선으로 곧게 펴서 그 힘을 볼에 전달시킨다.

2) 킥의 방법

짧은 킥은 점유율을 높여 주도권을 가지면서 경기를 이끌어 갈 때 주로 사용한다. 좁은 공간이나 상대 수비가 밀집돼 있을 때 짧게 짧게 주고받는 방법이다. 롱킥은 한번의 패스로 최전방 공격수나 멀리 떨어져 있는 우리편에게 볼을 전달하기 위한 킥이다. 상대수비와 볼 경합을 유도할 때도 롱킥을 사용한다. 혹은 크로스나 센터링을 할때도 롱킥이다. 이때 발등으로 할 수도 있고 인사이드나 아웃사이드로 킥을 할 수 있다.

4. 볼컨트롤

 축구경기에서는 많은 선수들이 좁은 공간속에서 자신만의 여러 기술로 볼을 소유할려고 하는데, 볼터치 모습을 보면 그 선수의 수준을 가늠할 수 있다.

 대부분 선수들은 인사이드, 아웃사이드로 이동시켜 볼을 컨트롤 하는데, 발바닥면을 이용하면 훨씬 부드러운 동작의 이동과 한스텝 빠르게 볼 처리를 할 수 있다. 고급 기술로 많은 훈련이 필요하다.

5. 리프팅

1) 리프팅의 원리와 이해

리프팅(저글링)은 축구선수들이 처음 기초를 배울때 가장 먼저 시작하는 기술이다.

발등에 맞는 감각적인 부분으로 볼의 움직이는 방향을 알게 되고 볼의 방향에 따라 신체의 발란스를 섬세하게 움직이며 반응하고 볼의 움직임을 제어 할 수 있는 기술이다.

2) 리프팅 방법 (축구를 처음 접하는 선수의 리프팅 운동)

(1) 발등과 무릎을 곧게 일자로 펴고 발등을 수평 유지하며 볼의 밑부분을 정확하게 차 볼이 수직방향으로 움직이게 한다.

(2) 공중에서 내려오는 볼을 발등으로 재차 반복하여 찬다.

(3) 수평을 유지하며 발등을 라켓으로 생각하며 볼을 찼을 때 볼이 회전없이 수직으로 올라갈 수 있게 한다.

(4) 반복적인 훈련으로 리프팅을 하며 높이를 점 점 높게 하여 볼의 움직임을 주시하며 신체의 발란스를 유지시킨다.

(5) 축구의 수준을 높이는 기술적인 터치감을 습득 하려면 많은 시간을 연습하고 훈련에 임해야 한다.

3) 실전에서의 리프팅 (축구선수의 실전기술을 터득하는 리프팅 운동)

(1) 볼의 높이가 무릎위로 올라가지 않게 리프팅을 한다. 먼저 볼이 닿는 부분은 발등을 2분의1로 나누어 발가락 위쪽으로 볼을 맞출 수 있어야 한다.

(2) 볼을 차는 발은 무릎을 굽혀 발등과 무릎을 기역자에 가깝게 유지시킨다.

(3) 볼이 무릎밑에서 올라갔다 내려갔다를 반복적으로 리프팅을 하려면 볼이 닿는 발가락 위쪽으로 정확하게 터치를 해야 하며 반복적인 훈련으로 리프팅을 발전시켜야 한다.

(4) 3의 방법으로 볼을 찬다. 높이는 2미터 이상으로 올리며 찬다. 볼을 찰때엔 눈에서 가깝게 허리정도의 높이에서 볼을 터치하며 볼의 움직임을 주시해야 한다.

(5) 4의 방법으로 볼을 찬다. 높이는 2미터 이상으로 올리며 찬다. 찬 볼을 180도 몸의 반대방향으로 보내고 다시 재차 180도 원래 방향으로 보내고를 반복하면서 가장 높은 리프팅의 기술을 습득한다.

(6) 축구에서 실전의 기술을 연마하는 것이 가장 높은 기술이다.

(7) 위의 리프팅 기술을 습득하게 되면 볼이 공중의 어떤 방향에서 와도 볼 컨트롤을 할 수 있는 수준 높은 레벨의 트래핑을 할 수가 있다.

(8) 이 기술의 습득은 축구선수로서 높은 기량을 갖추는데 꼭 필요한 기술이다.

(9) 또한 무릎을 항상 구부리는 동작은 실전의 기술에서 다음동작으로 이어지는 기술의 시작이며 신체의 발란스를 유지시키는 동작이 된다. 필히 습득하여야 한다.

6. 등지는 기술

축구경기중 볼을 소유하는 기술로 등지는 기술이 있다.

드리볼중 상대수비의 압박이 시작될 때 수비를 마주보며 볼을 소유하다가 공격수의 몸을 수비쪽으로 돌려 방어하는 기술이다. 수비수와 볼 사이의 공간을 공격수의 몸으로 벽을 만드는 난이도가 높은 고급 기술로 실전에서 굉장히 많이 응용되며, 특히 골문앞에서의 이런 기술은 대부분 슛으로 연결된다.

또한 현대축구에서 경기중 팀과 개인의 축구수준을 가늠할 수 있는 기술로 볼을 잡고 돌아서는 동작으로도 수준의 높고 낮음이 판단된다.

이는 선수의 기량과 기술을 부분적으로 판단 할 수 있고, 밀집된 경기장 안에서 개인 능력의 기술이 비교가 된다. 선수의 능력은 곧 팀에 우위를 점할 수 있다,

축구 경기는 신체의 접촉이 많은 경기이고 수비의 역할인

맨마킹을 따돌리며 경기상황 중 연결하든, 결정을 짓는 동작의 연속이다.

공격선수가 경기중 볼을 받으려 할때는 수비수의 압박을 심하게 받으며 볼 컨트롤을 하기때문에 수비를 등지는 상태에서 볼키핑을 한다음 볼과 몸을 돌려 수비와 마주보는 동작이 필요한데, 이 기술이 부족하면 백패스 밖에 할것이 없어 경기의 운영에 지장을 주게된다.

그러나 수비의 압박에도 볼을 잡고 돌아서 수비와 맞서게 되면 상황은 공격자가 주도권을 갖게 되면서 수비가 탈취의 기회를 기다리는 소극적인 자세가 되는 것이다.

돌아서는 기술의 습득은 실전에서 꼭 필요한 개인의 기초 기술이며 많은 연습이 필요하다.

1) 볼잡고 돌아서기

(1) 인사이드로 돌아서기(오른발동작)

인사이드 돌아서기는 발밑에 들어오는 볼의 강도를 판단하고 오른쪽 발을 지면에 짚으며 상체를 오른쪽으로 틀어놓고 있다가 볼이 몸안으로 들어올때 오른발 인사이드로 볼을 밀듯이 가지고 나간다. 볼을 터치할 때 발의 스텝을 지면에서 스톱시키지 않으며 길게 볼을 밀며 나가야 한다. 그래야 수비보다 한스텝 빠르게 볼을 점유하여 관리를 할 수 있다.

(2) 오른발 아웃사이드 돌아서기

볼을 받기전 수비를 등지고 있는 상태에서 신체를 45도 돌려 수비와 공격자의 등이 밀착되며 볼이 발밑에 들어올때 오른발 바깥쪽 복숭아뼈에서 새끼 발가락 중간지점으로 발끝을 세우지 말고 발바닥과 지면이 수평을 유지하며 오른쪽으로 볼을 터치하며 돌아서는 방향으로 길게 스텝을 밀듯이 간다.

보통의 선수들은 볼을 터치할 때 발끝이 땅을 향하는데 그렇게 하면 볼에 회전이 생기고 볼의 속도를 제어하지 못하고, 또한 볼을 따라가는 발의 스텝이 땅을 딛게 되어 두 스텝 손해가 나며 이는 곧 수비를 따돌리지 못하는 동작이 된다.

(3) 오른발 인사이드 안쪽으로 돌아서기

오른발 안쪽으로 돌아서기는 돌아서는 동작의 가장 높은 레벨이며 수준 높은 기술이다.

수비를 등지고 있고 볼이 몸 정면으로 올 때 볼 방향으로 나가며, 볼이 들어오는 방향 뒤로 왼발을 90도 바꿔 지면에 딛고 몸을 90도 수비방향으로 돌리면서 발밑으로 오는 볼을 볼의 중간부분을 오른발 인사이드 중간부분부터 엄지 발가락 옆부분으로 터치하여 볼의 방향을 90도로 바꾼다. 방향이 바뀐 볼을 다시 90도 원방향으로 터치하여 밀며 드리블 한다.

중요한 부분은 볼이 발밑에 들어올때 첫번째 두번째 볼에 터치를 하는 오른발은 자연스레 한동작으로 연결되어 지면에 닿지않고 한동작으로 이어져야 한다는 것이다.

수비가 뒤에 있고 공격자의 돌아서는 동작에서 첫번째 동작으로 90도로 볼의 방향을 바꿔 놓을때 볼의 움직임이 50센티이상 움직여야 하며 두번째 동작에서 볼을 밀고나가는 동작으로 수비를 완전히 따돌리게 된다.

많은 연습으로 이 기술을 습득하게되면 볼을 다루는 기술과 신체의 안정성이 점차 배가 되며 선수의 수준이 엄청 높아진다. 확신한다.

2) 손의 위치

양손의 위치는 항상 배꼽을 기준으로 위쪽에서 균형추처럼 몸의 균형과 상대방을 방어하도록 한다.

7. 패스

현대축구에서 패스의 중요성은?

현대축구에서 팀 간 패스는 팀플레이에 매우 중요한 기술로 선수로서 꼭 갖추어야 하는 기술이다.

선수간의 연결과 공격, 수비시 속도조절에 필요하며 팀 리빌딩 하는중에서도 패스의 조절능력이 가장 중요한 요소가 된다.

공격, 수비시 적절한 완급조절은 물론 경기의 지배권 확보를 위한 볼 점유율을 높이는 기술인 동시에 패스로 그 팀의 수준을 가늠할 수 있다.

현대축구에서 게임당 팀간 패스는80% 넘는 비율을 차지한다. 이런 시대에 정확한 패스의 능력을 갖추지 못한다면 선수의 가치가 하락할것이다.

1) 인사이드패스

(1) 인사이드 패스의 자세

볼의 중앙 옆 디딤발은 볼과 디딤발 사이에 주먹 한개 들어 갈 수 있는 위치에 딛고 차는발은 디딤발과 ㄴ 자를 유지하며 양쪽 무릎을 약간 굽혀 볼을 디딤발 안쪽에서 발목을 고정시켜 스윙한다. 스윙한 발이 옆으로 돌아가지않도록 해야한다.

디딤발은 볼을 전달시키는 방향키 역활을 하며 차는 발은 디딤발의 발끝을 따라가게 인체의 다리구조가 되어있다. 다시말해 디딤발 방향이 볼 보내는 방향이다.

패스는 항상 디딤발 안쪽에서 볼을 차는게 가장 중요한 포인트이다.

볼은 충분히 디딤발 라인에 들어왔을 때 임팩트 해야 원하는 속도와 방향으로 볼을 보낼 수 있다.

2) 아웃사이드패스

(1) 아웃사이드 패스의 동작

아웃사이드 패스를 단어 그대로 해석하면 바깥 끝부분으로 찬다고 하는데, 그렇게 패스를 하면 대부분 볼을 찬 다음 발목을 이용하여 발끝을 위로 올리게 되고 볼에 힘 전달을 못하게 되며 발끝을 다시 내리는 동작이 필요하게 된다.

차는 순간은 짧은 시간이지만 이 찰나의 순간도 실전에서는 다른 방향으로 이동할때 불리하다.

발등을 편 상태에서 발목에 힘을 주어 고정시키며 무릎을 안쪽으로 구브려 발등 한가운데를 볼에 맞춰 무릎이 일자로 펴는 힘을 이용해 스윙한다. 스윙의 마지막에도 발끝이 땅을 향하고 있어야 한다.

짧게 하는 아웃사이드 패스는 주로 2대1 상황에서 발목을 이용하여 발등 바깥쪽으로 임팩트 하는데 이때도 발끝을 들면 안된다.

실전에서 이런 아웃사이드패스는 수비를 따돌리면서 돌아서는 동작을 할 때 많이 활용하는데 축구경기의 수준을 높이는 기술이다.

3) 인스텝 패스

주로 장거리(20~30미터)나 센터링 연결시 활용하는 기술인데, 보통 슈팅하듯이 빠르고 강하게 발등으로 하는 패스이다.

4) 토우킥 패스

순간적으로 발끝으로 속도감 있게 하는 패스이다. 상대의 압박이 심하거나 할 때 글자 그대로 발끝으로 '톡' 차서 빠르게 연결하는 기술이다.

5) 발 뒷꿈치 패스

발 뒤쪽 발바닥과 복숭아뼈 사이로 슬쩍 밀어주는 고급 기술이다. 상대의 강한 압박이나 문전 혼전시 순간적으로 2대1 돌파가 필요할 때 사용할 수 있는 스킬이다.

이 기술과 비슷한 발 뒤꿈치 패스는 공격자가 수비를 달고 치고 나갈 때 뒤따라오는 우리편에게 뛰면서 발뒷꿈치로 '툭' 건드리듯 연결하는 패스이다. 실전에서 활용도가 높은 기술로 대부분의 수비수는 이런 패스에는 속수무책이다.

8. 슛팅

1) 슛팅의 자세

　모든 슛팅시 상체의 자세는 임팩트 이전에는 상체가 핀 상태를 유지시키며 손의 위치는 차는 발의 반대 손은 가슴위쪽으로 향해야한다. 슛팅 바로전의 자세는 활시위의 구브러진 상태와 동일하게 늘려 주어 볼 임팩트시 손과 다리가 안으로 접어지며 그 힘을 이용하며 볼에 가속이 붙도록 슛팅한다.

2) 슛팅의 3가지 방법

(1) 인스텝 슛팅

발등 한가운데로 볼의 중심을 맞춰 스윙한다.

디딤발은 볼의 옆 중심위치에 주먹 한개 들어갈 틈을 주고 볼을 차는 발의 형태는 발목에 힘을 주어 곧게 편 상태를 유지하고 발가락을 오므려 모아 축구화의 지면을 강하게 누르며 슛팅 이후까지 유지한다.

무릎은 뒤로 최대한 높게 접어 올리며 그 위의 허벅지 역시 최대한 뒤로 밀어 허벅지, 무릎, 발목, 발등이 볼을 임팩트 할때 일자로 펴주는 힘을 이용하여 볼에 힘을 전달하며 볼을 임팩트 한 이후에 그 스윙을 유지한다.

(2) 아웃사이드 슛팅

(1)의 인스텝 슈팅 동작과 똑같이 하나 볼 임팩트시 볼의 중심에 맞춰 슛팅하면서 볼의 안쪽 부분을 향하게 스윙의 각도를 조절하며 팔로우 한다.

(3) 인사이드 슛팅

인사이드 슛팅은 두가지 방법이 있다.

하나는 (2)의 아웃사이드 슈팅과 같은 방법이며 임팩트 이후의 스윙이 볼의 중심에서 안쪽, 바깥쪽으로 발등을 각도를 바꿔 준다.

두 번째는 인사이드 패스와 동일한 부분으로 볼을 임팩트한다.

형태는 인사이드 패스시 발의 모양이 지면과 발바닥이 수평으로 유지 스윙했던것을 발 뒤꿈치는 지면 위에 위치하고 엄지발가락을 45도 방향으로 올려 그 상태에서 볼의 중심에 맞춰 임팩트하면서 팔로우의 스윙을 5도 정도의 각도로 밀어주어 스윙한다. 또한 볼 임팩트 시 볼 3분의1 지점을 가격하며 가격이후 방향을 밑에서 위로 45도 방향으로 밀 듯이 올려 스윙한다.

3) 슛팅의 기술

축구 슛팅은 골키퍼와 키커의 승부이다.

슛팅 기술중 고급 기술은 드리볼을 하며 임팩트하는 원스텝 슛팅이다. 이 슛팅의 큰 장점은 골키퍼가 다이빙 타이밍을 못잡게 하는 것이다.

예를들어 공격자가 슛팅을 하려는 자세를 취하게 되면 골키퍼는 두발로 다이빙 하기에 좋은 자세를 취하고 볼이 날아올 방향으로 각도를 잡으며 방어하게 된다.

하지만 원스텝 드리볼 슛팅은 골키퍼의 이런 준비사항을 소용없게 만들며 공격자가 언제 슛팅하는지를 전혀 예측할 수 없도록 하는 기술이다.

가끔 골키퍼가 약한 슛팅에도 제자리에 서서 방어를 못하며 골을 허용하는 경우가 있는데 이런 이유 때문이다. 골이 골망안으로 굴러들어가는데도 키퍼가 속수무책으로 쳐다볼 수밖에 없는 경우이다.

(1) 원스텝 슛팅의 요령
오른발로 볼을 밀고 왼발 딛고 오른발로 볼을 다시밀고 왼발을 볼 옆에 딛고 오른발로 슛팅하는 기술이다.

4) 슛팅의 자가진단 방법

일반적인 사람들은 자신의 축구 슛팅에 대한 슛팅 자세가 잘 됐는지 못됐는지 확인이 어려울 것이다.

슛팅한 볼이 왜 다른 방향으로 가는지 이해가 되지않아 슈팅이 잘못된 점들을 잘 모르고 다른사람에게 자세를 좀 봐달라고해도 진단을 내리기가 쉽지 않은 일이다.

자가 진단 방법은 내 슛팅의 무엇이 잘못 됐는지를 알 수가 있다.

방법은 먼저 목표물을 정하고 20m의 거리뒤에 열십자의 마크를 지면에 그린다.

그런다음 열십자 마크 한가운데 볼을 세워놓고 목표점을 겨냥하여 평상시 슛팅 하던대로 슛을 한다. 슛을 한다음 열십자안에 디딤발과 슛팅을 한발의 디보트자국으로 내 볼이 어떻게 갔는지를 확인 할 수가 있다.

   디딤발의 방향을 목표점으로 조정하면 그 방향으로 볼이 갈 것이다.

   디보트자국과 디딤발의 자국으로 볼의 방향을 확인 할 수 있으며 축구 슛팅에 무엇이 잘못되었는지 스스로 자기진단을 할 수 있다.

5) 발리슛과 오버헤드킥

(1) 하프발리 슛팅의 자세
   볼이 크로스나 공중으로 날아올 때 발등을 이용하여 하는 슛팅이다. 볼이 지면에 닿기전에 슛팅으로 이어지는 것으로 슛팅하는 자세는 골문을 마주보고 서 있다가 오른쪽 외곽에서 크로스가 올라올 때 몸을 볼이 날아오는 방향에 정면으로 마주보며 볼의 방향과 높이를 확인하고 볼을 주시하는 눈의 위치가 볼과 몸이 마주보게 만든다.

 오른발의 위치는 날아오는 볼에 타이밍을 맞추기 위해 오른발과 상체를 30센치 정도 오른쪽으로 이동시켜 볼을 맞추기 위한 루틴을 주고 날아오는 볼을 상체를 뒤로 제쳐 눈의 시선이 볼과 일직선으로 맞춰서 임팩트의 마지막 순간 끝까지 쳐다본다.

 왼발의 디딤발이 골문으로 향하게 돌려놓고 오른발을 옆으로 눕혀 볼을 임팩트 한 다음 스윙한 오른발의 궤적이 수평을 이루도록 유지하며 스윙한다.

 상체가 뒤로 넘어 가야만 더 높게 오는 볼을 발리슛을 할 수 있다. 더 높이 오는 볼을 슛팅하려면 상체가 뒤로 넘어지면서 자연스럽게 오버헤드킥으로 연결시킨다

 발리슛에서 중요한 포인트는 볼이 날아오는 것을 보는 눈의 위치인데, 볼과 임팩트하는 발등과 눈의 시선이 일직선이

되어야 정확하게 발리슛을 할 수 있다. 상체가 뒤로 넘어지면 자연스럽게 발을 위로 올릴 수 있는 인체의 구조상 높게 오는 볼도 발등으로 맞출 수 있다.

6) 타이밍

(1) 언제 슛팅을 할것인가?

슛팅 타이밍에 대해서는 현존하는 지구촌 최고의 축구선수중 한명인 메시가 사실상 교과서이다. 메시는 언제 어떤 위치에서도 한 박자 또는 반박자 빠른 슛팅을 하는 선수이다. 경기의 흐름에서 한박자 또는 최소한 반박자라도 빠르게 슛팅을 해야 그만큼 득점 확률이 높다.

7) 위치

슈팅을 할 수 있는 위치가 따로 있는가?

슛팅 위치의 경우도 메시가 교과서이다. 메시는 어느 위치에서도 슛팅을 하는 선수이다. 손흥민 선수도 어느 위치에서나 자유자재로 슛팅을 할 수 있는 선수이다.

9. 헤딩

1) 헤딩의 기초

헤딩의 가장 기본 자세는 눈을 감지 않고 볼을 끝까지 주시하는 것이다. 눈을 뜬 상태로 헤딩하는 기술은 많은 훈련이 필요하다. 인간은 누구나 두부로 위험을 감지하게 되면 본능적으로 눈을 감게 된다. 눈을 보호하기 위한 본능인 것이다. 이 본능을 연습과 노력으로 극복해야 헤딩을 할 때 원하는 방향으로 볼을 처리할 수가 있는 것이다.

입은 다물고, 턱을 당겨 머리를 강하게 고정하며, 상체를 허리 뒤쪽으로 이동시킨 다음 날아오는 볼을 상체를 앞으로 이동시켜 정확하게 이마에 맞춘다.

볼을 맞춘 다음 턱을 앞으로 내밀면 경추가 늘어난 상태가 되며 이때 헤딩을 하면 복싱에서 일어나는 펀치드렁크 상태의 데미지를 입을 수 있기때문에 자세의 중요성이 요구된다.

헤딩할때 이상적인 자세는 볼이 이마에 닿을 때 허리가 뒤쪽으로 제겨진 상태이며 옆에서 본다면 볼과 골반과 다리가 일자에 가깝게 만들어야 한다는것이다.

2) 공격의 헤딩자세

공격형태의 헤딩은 헤딩의 기본자세와 일치하며 볼의 방향을 바꾸려 할때에도 항상 사람에게 마주보며 인사하는것처럼 목표점을 향해 상체를 돌려 인사하듯 해야한다.

3) 수비의 헤딩자세

수비헤딩시는 대개 앞에 공격자를 두고 헤딩 클리어링을 많이한다.

이때 정면으로 헤딩하면 공격자의 뒤통수에 부딪쳐 부상을 당하게된다. 부상을 방지할 수 있는 자세는 목과 머리는 고정시키며 헤딩하려는 방향에 어깨를 돌리고 팔을 옆으로 수평을 만들어 헤딩을 한다. 이렇게 해야 충돌과 부상을 방지할 수 있다.

수비헤딩 할 때 고개만 숙이면 자동적으로 어깨의 폭으로 인하여 부상을 방지할 수 있다.

4) 패스헤딩

상대방 문전에서 혼전시 헤딩패스를 통한 슛팅으로 득점

하는 경우이다.

유럽 리그나 A매치 경기서 이런 과정을 통한 득점은 자주 발생한다.

5) 공 낙하지점 찾기

실전에서는 워낙에 변수가 많기 때문에 헤딩을 하기위해 볼 낙하지점을 찾기는 어렵다. 기본적인 헤딩의 원리를 알고 응용을 해야 한다.

2부
축구의 응용기술

1. 트래핑

1) 볼트래핑의 원리

 볼 트래핑의 원리는 볼이 날아오는 볼의 속도를 최대한 줄이며 정지 시키는데 있다. 트래핑의 원리에는 2가지 방법이 있다.

 첫번째 방법은 볼이 날아오는 방향을 생각하고 발을 내밀어 볼이 신체에 닿는 순간 같은 속도로 잡아당겨 볼의 속도를 줄이는 것이다.

 두번째 방법은 볼이 100의 힘으로 날아온다고 가정하면

오는 볼을 100의 힘으로 볼을 때려 0으로 만드는 것이다.

위의 트래핑 방법중 두 번째 해당하는 기술은 발등으로 하는 발등 컨트롤이며 이 기술은 현존하는 볼컨트롤에서 가장 수준 높은 기술이다. 이 기술을 습득하려면 볼 리프팅의 발등 반쪽으로 하는 리프팅 기술이 접목되어 최고의 볼 트래핑 기술이 된다는 것을 알아야 한다.

발등 트래핑은 볼이 공중에서 날아올때 360도 본인이 원하는 방향으로 이동시킬 수 있어, 기술적인 측면에서 가장 수준높은 고급 기술이다. 2가지 방법외 다른 모든 트래핑은 볼이 날아오는 속도로 닿는 순간 같은 속도로 당겨 제어하는 기술이다.

2) 볼트래핑의 종류

볼을 컨트롤하는 방법은 발바닥, 발등, 인사이드 트래핑,

아웃사이드트래핑, 정강이인사이드트래핑, 정강이아웃사이드트래핑, 무릎 트래핑, 배 트래핑, 가슴 트래핑, 이마 트래핑, 헤딩등이 있다.

3) 볼컨트롤, 볼트래핑의 기술

볼트래핑의 기술은 축구에서 지면과 공중으로 날아오는 볼을 팔을 제외한 신체의 모든 부분을 이용하여 본인이 원하는 방향으로 볼을 제어 시키는 기술이다.

볼컨트롤을 하면서 발밑으로 자연스럽게 연결시켜 경기에 임하게 한다. 볼 컨트롤이 좋지 않으면 선수의 경기력에 문제가 생기며 실제 축구경기에서 패스 연결시 볼의 연결자체가 마비가 되며 볼을 보내야 되는 타이밍에 문제가 생긴다. 볼 컨트롤의 기술은 선수 개인은 물론 팀전체의 경기력에 막대한 지장을 주기 때문에 많은 훈련과 노력이 필요하다.

4) 볼트래핑의 높은 수준은?

축구기술의 모든 트래핑은 볼트래핑 이후 발에다 연결시키는 것이다. 기술을 습득하는 과정에서 트래핑의 모든 부위를 정확하게 터치이후 발 밑으로 연결해야한다. 기술의 완성도가 높아지면 실전의 기술에 접목시켜 볼트래핑을 이동시키는 기술에 중점을 두어야 높은 수준이 될 수 있다.

실전에서는 상대선수가 볼을 빼앗으려 압박을 가하는데 이동시킨 볼트래핑은 압박을 벗어날 수 있는 고급기술이기 때문이다.

5) 볼 트래핑의 동작들

(1) 발바닥 컨트롤

볼이 날아오는 방향과 속도를 계산하여 발바닥을 들어 지면과 45도 정도 공간을 만든 다음 볼이 지면에 닿는 순간 발바닥의 앞부분으로 살며시 누르며 볼을 컨트롤 한다. 반복적인 훈련으로 숙련이 되면 본인이 원하는 방향으로 몸을 돌려 이동트래핑 한다.

(2) 정강이 인사이드 트래핑

볼이 날아오는 방향과 속도를 계산하여 지면과 45도 정도 공간을 정강이 안쪽으로 기울여 삼각형태의 트라이앵글을 만들어 볼이 지면에 닿을 때 정강이를 안쪽을 숙여 볼 컨트롤 한다.

(3) 정강이 아웃사이드 트래핑

정강이 인사이드트래핑을 반대 바깥쪽으로 동일하게 자세를 잡아 볼 컨트롤을 한다.

정강이 컨트롤은 오래전 기술이며 볼이 컨트롤이후 볼에 역회전이 일어나 멀리 도망가지 않는 장점이 있지만 하체를 굽히는 동작으로 큰 근육에 부하가 생겨 다음동작으로 이동시키기엔 한 템포 늦어지는 단점이 있다.

(4) 무릎 트래핑 컨트롤

볼이 날아오는 방향과 속도를 계산하여 볼이 낙하하는 지점에 무릎을 올리고 정확히 무릎 한가운데 볼이 닿는 순간 무릎을 뒤로 빼며 볼의 속도를 제어한다.

숙련이후에는 볼이 무릎에 닿는 순간 원하는 방향으로 몸과 무릎을 돌려 이동트래핑 한다.

(5) 가슴트래핑

가슴 한복판을 이용하며 명치 위 부분으로 볼을 컨트롤 한다. 이때 중요한 점은 두 팔의 동작이 가슴 옆으로 벌려 가슴근육의 면적을 넓이며, 평평히 만들어야 볼 제어에 용이하다.

가슴트래핑 이후 발리슛이나, 다른 동작으로 연결 시킬 때에는 볼을 가슴으로 튕기어 슛팅의 타이밍을 잡는다. 수비가 붙어 있을 경우에는 볼이 가슴에 닿을때 가슴을 원하는 방향으로 돌리며 순간적으로 밑으로 내려 볼 트래핑 한다.

(6) 헤딩 트래핑 콘트롤

헤딩 트래핑은 두가지 방법으로 볼컨트롤을 한다.

첫번째는 그라운드에서 머리쪽으로 볼이 날아올 때 두 다리가 지면에 닿아있는 상태에서 머리로 볼이 올 경우 볼이 이마에 닿는 순간 무릎을 순간적으로 밑으로 10센티 정도 내리며 볼의 속도를 제어한다.

두번째는 볼이 높이 날아올 경우 볼의 낙하지점을 찾고 점프하여 볼과 같이 내려오는 속도로 이마에 맞춰 볼의 속도를 제어한다.

2. 볼잡고 돌아서는 동작

(1) 수비가 가깝게 마킹시 움직임

원터치 드리볼 기술이 유용하다. 기술부분을 숙지하고 연습하면 된다.

(2) 수비를 따돌리는 동작

척하는 페인트 동작과 돌아서는 기술이 필요하다. 돌아서는 동작기술을 반드시 숙지해야한다.

ar
실전 축구에서의 기술

1. 기술의 응용

1) 실전의 기술이란?

 태권도에서는 두가지 형태의 무도가 있다. 품새와 겨루기이다.

 품새는 동적인 태권도를 절제와 호흡과 정해진 동작으로 상대없이 움직이며하는 종목이고, 태권도 겨루기는 상대에게 실전의 타격으로 점수를 획득하는 종목이다.
 품새는 축구의 기초기술에 해당되며 겨루기 태권도는 실전기술을 가진 축구라 할 수 있다.
 축구에서 필요한 것은 모든 형태가 실전이기 때문이다.

2. 실전 축구 메뉴얼과 공식

1) 수비시 필요한 축구 메뉴얼과 공식

(1) 도중차단을 한다.

(2) 도중차단을 못했을 땐 공격자가 못 돌아서게 한다.

(3) 공격자가 몸을 돌렸을 땐 지연시켜야 한다.

(4) 지연을 시키면서 어느 방향이 수비하기 좋은지 방향설정을 한다.

(5) 협력수비한다. 협공한다.

(6) 수비선수의 위치선택은 볼과 나와 골문의 일자로 위치해야한다.

2) 축구경기에서의 움직임 매뉴얼

(1) 축구는 패스가 우선이다.
(2) 패스할때가 없으면 전진 드리블해야 한다.
(3) 전진드리블을 하는 이유는 패스를 하기위해서이다.
(4) 패스를 한 다음에는 반드시 움직여라. 공간확보. 패스하고 난 뒤 뛰는 습관이 잘 되어 있는 팀이 좋은 팀이다.

3) 공격자의 움직임

(1) 스피드 변화 ; 속도 조절과 강약의 조절 기술도 반드시 필요하다.
(2) 각도 변화 ; 한 방향이나 매번 같은 형태의 공격 패턴이면 상대수비를 돌파 하기가 어렵다.

4) 오프사이드를 돌파하는 방법

(1) 개인돌파 (드리블 돌파)

(2) 월 패스 돌파

(3) 2대1 또는 3대1 패스 돌파(콤비네이션 축구)

5) 경기장에서 누가 우선인가?

(1) 볼을 소유한 사람이 모든 결정을 한다.

(2) 축구장에서 두 명의 같은 편 선수가 볼이 중간에 있을 때 누가 우선인가? 상대지역을 바라보는 선수가 볼의 우선 선택권자다.

6) 축구는 척이다 - 페인트동작(서로 속이는 것)

(1) 패스하는 척 하면서 안하고, 안하는 척 하면서 패스하고

(2) 움직이지 않는 척 하면서 움직이고, 움직이는 척 하면서 안 움직이며
(3) 슛팅 하는 척 하면서 접고, 안하는 척 하면서 슛팅을 하는 것이 축구이다.
(4) 팀 경기이지만 1대1의 경기이기도 하다.

7) 축구선수의 서로간의 소통은?

1) 소통방법
① 레다 패싱- 말로 전하는 소통
② 아이컨택 - 눈으로 소통하는 방법
③ 필 - 정신적인 교감. 대표적인 예가 손흥민 선수와 해리 케인 선수간의 콤비 플레이이다. 이 두 선수는 소통의 효과를 서로간의 득점으로 증거해주고 있다.

2) 실전에서의 소통
① 수비시 골키퍼가 앞 라인의 수비자 중앙, 싸이드어택

에게

② 중앙, 싸이드어택은 미드필드자에게

③ 미드필드자는 공격자에게 움직임을 주문한다.

④ 일반적으로 스위퍼나 중앙수비수(센터백)가 양쪽 수비와 공격수들과의 소통을 이끌지만 실전에서는 모든 선수들간의 소통이 더 중요하다.

3. 볼 컨트롤

1) 리프팅과 트래핑혼합 응용

핸드볼 반칙만 아니면 신체 전신을 이용해서 볼을 자신의 영역안으로 키핑한다. 컨트롤의 목적은 일단 볼을 자신의 것으로 만드는 것이다.

4. 달리기

축구선수에게 빠른 주력은 엄청난 무기이며 경쟁력이다. 빠른 주력에 기술까지 갖춘다면 훌륭한 선수가 될 수 있다. 세계적인 선수들은 기본적으로 빠른 주력을 갖추고 있다. 순간적인 빠른 역습은 그만큼 득점 확률이 높다. 속공과 역습, 지공 작전을 펼칠 때 주력은 굉장한 경쟁력이다.

5. 멈춤

축구는 빠르게 달릴때와 순간적으로 멈출줄을 알아야 하는 스포츠다.

무조건 빠르게 앞으로만 달린다고 좋은것만은 아니다. 달릴때와 멈출줄을 아는 기술이 필요하다. 10~15미터 거리를 강약을 조절하며 빠르게 달릴 수 있는 순간 스피드와 순간적인 방향전환 스킬은 대단히 중요하다.

6. 시야와 방향

축구에서 넓은 시야는 팀의 경기 흐름에 큰 영향을 미친다.

공격수이든 수비수이든 시야와 방향에 대한 이해와 숙련도 기술이다. 앞뒤, 좌우를 살필 수 있는 여유와 기술도 반드시 필요하다.

머리를 좌우로 돌려 주위를 살피는 동작은 축구선수에게 꼭 필요한 기술 동작이다. 이 동작을 반복하며 우리편과 상대방에 대한 상황을 실시간으로 인식 해야 한다.

(1) 볼을 받기전에 먼저 주위를 살펴서 좋은 위치를 찾아야 한다.

(2) 선수의 포지션마다 상대의 마킹맨이 있기때문에 볼을 받을때 수비수를 따돌려야하고.

(3) 볼을 받은 다음연결을 위해 수비수의 압박을 이겨내며 연결과 결정을 하는 연속의 반복이다.

이러한 연결동작에는 먼저 눈으로 확인후 머리로 결정하고 행동은 신체의 맨 밑바닥인 발로서 결과물을 나타내야한다. 그래서 가장 중요한 부분은 첫번째의 상황을 눈으로 보고 실시간으로 변해가는 축구장의 변화를 계속 체크해야한다. 주위를 살피는 행동이 많아질수록 축구의 수준향상에 도움을 줄 것이다.

(4) 경기장 안에는 22명의 선수들이 있다. 그중 상대선수가 11명이고 경기장의 규격은 A매치 규격은 대략 105m 앤드라인과 앤드라인 거리이며 70m 터치라인과 터치라인의 거리일 것이다.

축구장의 크기는 크지만 경기장에서는 수비수의 디펜스, 미드필더, 공격수의 삼선간격의 폭이 현대축구에서 30m이내로 밀집해놓고 20명의 선수들이 그 안에서 플레이를 하는 것이다. 이를 현대축구에서 말하는 콤팩트축구라 한다.

(5) 밀집된 공간에서 축구 경기를 유리하게 하려면 가장 중요한 점은 빠르고 정확한 판단이다.

볼을 처리하기전에 몸을 경기장의 넓은 쪽으로 돌려놓고 어느때, 어느 위치가 유리한지 몸을 움직이며 계속 주위를 살피는 동작을 하는 선수가 좋은 선수이다.

(6) 축구라는 운동은 발로하는 경기이므로 실수 게임이기도 하다. 실수를 무서워 하거나 두려워하면 안된다.

실수의 횟수를 줄이기위해 계속 몸을 움직이고 고개를 좌우로 돌려 주위를 살피며 머리로 상황을 계산하면 점 점 축구가 즐거워지고 재미있어진다.

눈으로 보며 몸을 돌려 상황을 인식하고 머리로 계산 판단하며 발로써 마무리 하는 지능적인 축구(생각하는 축구)를 할 수 있어야 좋은 선수이다.

7. 태클

언제 어떻게 태클할것인가?

효율적인 태클도 기술이긴하지만 축구경기규칙에 위배되지 않아야 한다. 축구경기규칙은 기본적으로 알고 있어야 한다. 잘못된 태클로 상대팀에게 결정적인 득점기회를 줄 수가 있기 때문이다.

그리고 무엇보다도 비열한 반칙이나 야비한 반칙, 태클은 승패를 떠나서 절대 해서는 안된다. 상대는 적이 아닌 친구이자 동료이다. 따라서 태클을 하더라도 경기규칙에 어긋나는 태클은 어떤 경우에도 용납되지 않는다는 점을 알아야 한다.

8. 좋은 선수 조건 10가지

1) 높은 기술(기본기)
2) 강한 체력(체격)
3) 빠른 스피드
4) 순발력(순간스피드, 빠른 방향전환)
5) 판단력
6) 적응력(실전에서는 어떤 경기라도 비슷한 경기는 있어도 똑같은 경기는 없다. 따라서 매 경기에 대해서뿐만 아니라 팀을 위한 팀내 적응력도 중요한 요소이다.)
7) 움직임(패스하고 난 뒤거나, 우리편이 공을 잡았을 때 주위를 살피며 공간 확보를 위한 움직임이 습관화 돼있어야 좋은 선수이다)

8) 이해력(매 경기 또는 상황에 따라 다를 수 있는 팀 전술을 이해하고 실행 할 수 있는 능력도 중요하다)

9) 노력(아무리 기술등 다른 조건들이 뛰어나도 노력하지 않으면 좋은 선수가 될 수 없다.)

10) 자기관리(인성이나 인격등도 좋은 선수가 되기위해서는 기술못지않게 반드시 필요한 조건이다)

4부

축구의 심리기술

1. 축구선수 개인

심리적으로 위축되면 선수개인의 실력을 충분히 발휘할 수가 없다. 개인적이든, 팀전체든 멘탈을 관리하는 방법도 중요한 기술이다. 월등한 기량 차이가 아니면 승패는 대개 당일 전술이나 팀웍, 멘탈등에 많이 좌우된다. 멘탈은 선수 개개인도 자기만의 관리 방법이 있기도 하지만 일반적으로 지도자의 역할이 강조된다.

(1) 자신감 상실
(2) 위축, 소극적
(3) 투지 상실
(4) 멘탈 저하
(5) 실수

2. 팀전체

기량이 월등하게 뛰어난 팀인데도 간혹 지는 경우가 있다. 어떤 이유로든 심리적으로 위축되면 좋은 경기를 할 수가 없다. 축구심리학적으로도 하위 팀이 상위팀과 경기를 하게 되면 처음부터 위축되는 경우가 있고 오히려 반대로 투지가 넘치는 경우도 있다. 어느 경우이든 심리적으로 위축되면 다음과 같은 결과가 나타난다.

(1) 사기저하
(2) 경기력저하
(3) 결과 부진

3. 승부차기

 흔히 승부차기를 멘탈 싸움이라고 하는 것은 키커와 골키퍼의 사실상 1대1 심리전이기 때문이다. 세계적인 선수들도 승부차기에 유난히 약한 선수들이 있다. 이런 경우는 실력의 문제가 아니다.

4. 실전 심리기술

　상대방을 조급하게 한다든가. 흥분하게 해서 실수를 유발하도록 하거나 제 기량을 발휘하지 못하도록 하는것도 일종의 심리기술이다. 비신사적이라고 비난 받으면서도 잘 바뀌지 않는 중동국가들의 침대축구같은 것이다.

5. 축구심리전 예

(1) 원정경기와 홈경기와의 차이
(2) 2002년 한일 월드컵 히딩크 감독

히딩크 감독 '붉은악마' 단장과 교감.

2002년 한일 월드컵 당시 거스 히딩크 감독이 이탈리아 경기와 포루투갈 경기에서 써포터 '붉은악마' 단장에게 적절한 타이밍에 야유와 응원을 부탁했다는 일화가 있다.

응원과 야유가 선수들에게 그만큼 심리적인 영향을 미치기 때문이다. 특히 홈경기에서의 일방적 격려와 응원은 집단 최면 효과 같은 현상으로 선수들에게 일시적으로 아드레날린 같은 호르몬이 분비돼 투지와 의욕을 북돋아준다는 의학적 설도 있다.